청어詩人選 64

내 생의 끝은 당신

감·성·시·인 채련의 다섯 번째 시집

내 생의 끝은 당신

채 련 지음

발행처 · 도서출판 **청어**
발행인 · 이영철
기　획 · 강보임 | 김홍순
영　업 · 이동호
편　집 · 김영신 | 방세화
디자인 · 오주연
제작부장 · 공병한
인　쇄 · 두리터

등　록 · 1999년 5월 3일(제22-1541호)

1판 1쇄 인쇄 · 2009년 12월 15일
1판 1쇄 발행 · 2009년 12월 25일

주소 · 서울시 서초구 서초동 1588-1 신성빌딩 A동 412호
대표전화 · 586-0477
팩시밀리 · 586-0478

블로그 · http://blog.naver.com/ppi20
E-mail · ppi20@hanmail.net
ISBN · 978-89-93563-65-8 (03810)

이 책의 저작권은 도서출판 청어와 저자에게 있습니다.
양측의 서면 동의 없는 무단 전재 및 복제를 금합니다.

내 생의 끝은 당신

| 시인의 말 |

 '당신은 지금 행복한가?' 라는 물음에 '행복하다' 고 선뜻 대답할 수 있는 사람이 얼마나 될까.
 반대로 '지금 불행한가?' 라는 물음에 '불행하다' 고 단정 지을 수 있는 사람이 얼마나 될까.
 행복하지도 불행하지도 않은 그저 그렇게 순조로운 일상을 누리고 있다면, 위기에 처하고 시험에 이르고 굴곡진 삶의 계곡에서 허덕이는 이들의 입장에서 보면 당신은 분명 행복한 삶을 누리고 있는 것이다.

 사람은 어려운 일을 당하거나 난관에 부딪쳐서야 그때 그 단조로운 일상이 얼마나 평화로운 행복이었는지 깨닫게 되면서 다시 그때로 돌아간다면 주어진 환경에 감사하며 그 행복을 지키며 가꾸어야겠다는 다짐을 하곤 한다.

 나는 종종 내가 질병으로 병상에 누워 있을 때나 사랑하는 가족과 이웃 중 누군가가 고난에 처한 때를 상기하며 주어진 위치와 환경을 소중히 여기며 소소한 것들 하나하나에 의미를 부여한다.
 예를 들어서 곁에 있는 사람, 옆에 있는 물건, 주위에 있는 사람……
 모두가 내가 있음으로 존재하는 것이 아닐까.
 내가 없으면 이 모든 것들은 무의미한 것이므로.

 '소 잃고 외양간 고친다' 는 우리의 속담을 빌리지 않더라도 주어진 현실의 모든 것들은 지금 내가 있음으로 존재하는 것이니 모두가 내 것이며 우리의 것이니 이 모든 것을 최대한 누리자고 말하고 싶다.

'있을 때 잘해'가 아닌 '있을 때 누리라'고.

이제 다섯 번째 시집 『내 생의 끝은 당신』을 내어놓으며 내 삶이 다한 인생의 끝에서 노래할 '당신'을 좀 더 가까이 두고 싶어서 안달 나는 자신을 돌아본다.

늘 곁에 있어서 소중함을 모르고 지내는 당신,
행여 당신이 없음으로 해서 다가올 고난과 불행,
이미 저 끝에 머물고 있는 사랑 뒤에 오는 이별을 두고
내 삶의 끝에는 과연 누가 있을까 짚어보면 오싹하니 조여드는 이 심금.

그러한 측면에서 내 생이 다하는 순간,
내 생의 끝에 있는 당신은 부재라고 달아놓고 싶다.

언젠가 다가올 그 시점에서 곁에 있어줄 당신을 위한 소망으로 풀이해주었으면 하는 막연한 바람으로 푸석이는 감성을 풀어 엮은 시를 모아 한 권의 시집으로 내어놓으면 받아주는 당신이 '내 생의 끝은 당신'으로 다가와줄까?

한 해가 저물 무렵

c·o·n·t·e·n·t·s

1 사랑, 숨길 수 없어요

내 생의 끝은 당신·11 | 당신의 꽃·12 | 예비된 사랑·13 | 그대 안의 나·14
그대여, 나를 사랑하려거든·15 | 사랑엔 연습이 없습니다·16 | 너 하나로 가득해·17
너의 마음 물들이기·18 | 너에게만 줄게·19 | 사랑의 포로·20 | 혼자만의 사랑·21
당신이 나무라면·22 | 당신이 하늘이라면·23 | 지혜로운 사랑·24
나를 잠재우게 한 당신·25 | 숨겨진 보물·26 | 믿어야지요·27
이건 분명 사랑이에요·28 | 거짓말을 하세요·29 | 꿈이었나요·30
사랑, 숨길 수 없어요·31 | 그대 가슴에 별이고 싶다·32 | 짝사랑·33
사랑하고도 외로운 것은·34

2 이별, 그리움과 기다림 사이

기다림과 그리움 사이·37 | 사랑과 그리움·38 | 준비하지 않은 이별·39
기약일랑 하지 말고 가세요·40 | 슬픈 재회·42 | 나는 바보입니다 2·44
다 그런 거라 했지요·45 | 커피 한 잔 나누고 싶은 사람·46
우리 잊으며 살기로 해요·47 | 아직도 그대가 그립습니다·48
만남과 이별 사이에 핀 꽃·49 | 너를, 삭제한다·50
그때는 왜 몰랐을까요·51 | 그대 생각에 행복한 하루·52
유리잔 커플·54 | 희망을 노래하는 이별·56

3 계절, 눈물 속에서도 꽃망울 터트리는 꽃이고 싶다

3월의 꽃이고 싶다·59 | 꿈꾸는 2월이 가면요·60 | 봄에 피는 사랑·61
봄앓이 꽃·62 | 지병이 도지는 계절·63 | 그대 머물던 자리·64
그대, 봄빛으로 오시는가·65 | 봄바람에 몸 풀어·66 | 비의 눈물·67
이별의 비·68 | 비 내리는 창가에 어리는 얼굴·69 | 여름바다의 연가·70
이맘때쯤이면 생각나는 사람·71 | 가을하늘에 그리는 수채화·74
이런 날엔 그립다고 말하고 싶어요·75 | 가을엔 외로움도 아름답다·76
그래서 가을이다·77 | 가을빛 그 사람·78 | 하늘을 갈망하는 달맞이꽃·80
가을 끝자리에 비가 내립니다·81 | 떠나지 못한 내가 웁니다·82
가을 엽서·83 | 너를 보내고 가을을 앓는다·84 | 눈 내리는 날엔 추억의 카페로 간다·85
그대 뜨락에 첫눈이고 싶다·86 | 그대를 만나고 싶다·87 | 눈꽃 피는 겨울밤 이야기·88

4 더불어, 우리 안의 아름다운 세상

이토록 아름다운 세상에 와서 · 91 | 내겐 너무 아름다운 당신 · 92
세상사 무상하다 하지요 · 94 | 인생사 화무십일홍이라 · 95
세상 나이 예순하나 즈음에 · 96 | 사랑보다 깊은 정 · 97 | 내 입술이 열릴 때마다 · 98
바람 속의 여자 · 100 | 드라이브 · 101 | 부부의 인연 · 102 | 이 작은 행복을 위하여 · 103
아내라 불리는 여자 · 104 | 하나 아닌 둘은 외롭다 · 105 | 내가 바라는 당신은 · 106
미안하다, 고맙다, 사랑한다 · 107 | 좋은 사람, 참 좋은 사람이야 · 108
눈물 많은 여자 · 110 | 내게도 그런 날 있습니다 · 112

5 인생, 세상 어떤 말로도 모자란 감사

아름다운 눈빛을 가진 그대 · 115 | 당신의 나무에 비가 내립니다 · 116
가슴에 뜨는 달 · 118 | 내일은 보름달 · 119 | 달빛 내리는 밤 · 120
아니다, 이건 아니다 · 121 | 다시는 받을 수 없는 전화 · 122
나의 시가 커피 한 잔의 여유였으면 좋겠다 · 123 | 부활의 기도 · 124
그대 떠난다 해서 · 126 | 마음의 안경 · 127 | 21세기 숭례문의 야누스 · 128
성탄절의 기도 · 130 | 비우고 버리지 못했나 보다 · 132
당신의 한 해[年]는 눈부십니다 · 133 | 삼백예순다섯 날의 수채화 · 134
신년의 아침에 드리는 편지 · 136 | 세상 어떤 말로도 모자란 감사 · 138

 ▪ ▪ ▪ ▪ ▪ 내 생의 끝은 당신

1
사랑,
숨길 수 없어요

더워진 가슴 나래 치고
부풀어 오르는 행복감에
터질 것 같은 기분
사랑,
숨길 수 없어요

 ······ 내 생의 끝은 당신

내 생의 끝은 당신

흐르지 않고는
생명일 수 없는 강물을 닮아
부딪히고 상처를 입어도
날마다 부서지는
나는 유랑자

흔들리지 않고는
정체를 알 수 없는 바람을 닮아
꽃을 찾는 꿀벌이었다가
나비가 찾아들길 바라는 꽃이었다가
이색의 향기를 찾아 떠돌아도

종국에는
허기진 날개 접고
이 한 몸 뉘이고 싶은 안식처
바람에도 휘어지지 않을
천년의 고목, 당신

내 생의 끝은
노을빛 사랑으로 열기 서린
당신입니다

당신의 꽃

아시나요
당신 가슴에
한 이름의 꽃이 피어 있다는 것을

보이시나요
물기 머금은 한 송이 꽃
만개 직전 꽃잎에 맺힌 이슬방울들

느끼시나요
꽃술에 담긴 옥색의 밀담
첫 망울 터트리는 화려한 자태를

몰랐어요
나, 한 송이 꽃이 될 수 있다는 것을
나비가 날아들어 사랑을 입은 후에야
알았어요
당신 가슴에
향기로운 꽃이 되었다는 것을

예비된 사랑

말은 이미 필요치 않습니다
이승의 문을 여는 순간
당신을 위해 준비된 나였으니까요

약속은 아무런 의미가 없습니다
천지의 약속이 닿은
당신은 정해진 나의 운명이니까요

하늘이 갈라놓지 않는 한
당신과 나는
시초에 예비된 알파와 오메가의 사랑이니까요

그대 안의 나

아무도 들어가지 않은 그대 빈 가슴에
맨 처음으로 들어가

초승달 같은 미소를 그리며
보름달로 기울어 여울지면

나를 담고 있는 그대는
가을 하늘보다 더 푸르게 빛나는
정열의 태양

누구도 다녀가지 않은 그대 빈 아틀리에
성역을 무너트린 열쇠를 쥐고
그대 가슴에 기대어
사계절 물향으로 번지면

숨 가쁜 사랑 핏빛으로 물들어
그대 안의 나는
이승에 핀
처음이자 마지막 꽃

그대여, 나를 사랑하려거든

그대여, 나를 사랑하려거든
내 모습 이대로 사랑해주오

험난한 가시밭길에서
찍히고 상하여 거칠어진 모습
그 안에 살찌운
한 송이 백합화를 감싸주오

그대여, 나를 사랑하려거든
내 마음 애오라지를 사랑해주오

많고 많은 사람 중에
그대라는 사람 하나
혜성처럼 빛나는
반짝이는 눈빛을 보아주오

그대여, 나를 사랑하려거든
그대의 행복을 위해 사랑해주오

나로 인해 그대가 기쁨이라면
그대의 앞날은 나의 축복
그대여, 나를 사랑하려거든
그대를 위해 나를 사랑해주오

사랑엔 연습이 없습니다

한때 열렬히 사랑했던 사람을
흘러간 세월을 돌아 다시 만난들
그때 무르익은 연정은 연기처럼 사라져
그날의 열정은 이미 식어버린 찻잔이더이다

흘러간 사랑을 거울삼을 수는 있어도
새 사랑에 요인이 될 수는 없음이니
옛 사랑을 돌이킬 수 없듯이
내 사랑에 걸림돌은 없어

내 곁의 당신을
숙명으로 받아들인 지금이야말로
처음인 듯 마지막 적시로 여길 때

우리의 사랑은
단 한 번, 오직 한 사람이기에
첫 감정의 순수를 엮어
사랑하는 일밖에
사랑엔 연습이 없습니다

너 하나로 가득해

어딜 가나
드리워지는 그림자처럼
있는 듯 없는 듯 의지가 되는
너 하나로

무엇을 하든
손과 발을 대신하는 발판으로
어울더울 빛으로 인도하는
너 하나로

사랑이라는 보석으로 견고한 성을 쌓는
너 하나로
나의 참 가치를 인정해주는
너 하나로
차고 넘치는 나의 삶은
너 하나로 가득해

너의 마음 물들이기

한여름 내내 맨발로 서서
이글거리는 태양을 머리에 이고
너만 생각했다

너의 이름 새긴 잎새에 나비가 들고
너의 얼굴 그린 꽃잎에 벌 떼가 들면
높아가는 열정 숨 고르며
꽃을 피워야 했다

한낮의 소나기가 지나가고
폭풍우 휩쓸고 간 간밤에
울긋불긋 마른 진통을 하는
나는 봉숭아꽃

열꽃 핀 내 사랑
한 겹의 옷가지와 살점을 으깨어
너의 마음 물들일 수 있다면
여명에 안개처럼 사라져도 좋으리

피고 진 사랑의 빛깔
너의 마음에 아롱져 있을 테니까

너에게만 줄게

나보다 먼저 내 안에 들어와
은밀한 보금자리를 꾸린
내 안의 또 다른 나인
너에게

이 깊은 사색의 늪을 풀어헤쳐
마음대로 조정하는
나보다 더 나를 아는
너에게

살포시 흘러내리는 속살의 밀어
첫 몽우리를 터트린
그 누구에게도 주지 않은 이 뜨거움
너에게만
너에게만 줄게

사랑의 포로

눈을 감아도 소용없습니다
은연한 그의 눈빛
익살스런 표정
너털대는 몸짓까지
선명하게 인화된 사진처럼 보이는걸요

마음의 창을 닫아도 소용없습니다
하얀 눈밭에 발자욱을 남긴
그 한 사람 화인으로 찍힌
감출 수 없는 투명한 유리인걸요

우산을 펴도 소용없습니다
장밋빛으로 물든 가슴
피 흘리는 아픔과 안개꽃에 둘리어 웃던 행복
빗물에 젖어 가늘게 떨고 있는걸요

달아나도 소용없습니다
멀어지려 하면 할수록 가까워지고
당겨지는가 싶으면 튕겨져 맴도는
그의 원심력 안에 갇힌
사랑의 포로가 되었으니까요

혼자만의 사랑

절반이 꿈에 불과한 외사랑이라면
절반을 접어도 우리가 될 수 없는
허황된 꿈이라면
속히 깨어나게 해주오

초점 잃은 그대 눈빛에
담지 못할 의미 없는 꽃이라면
그렁그렁 맺힌 이슬 훌훌 털어
몽롱한 꿈 벗어나게 해주오

사랑함이 애달픔이라면
붉디붉은 서러움으로 번지기 전
이별의 고통을 절개하여
우몽을 피하게 해주오

먼 훗날,
모나지 않은 애련의 추억으로 남도록
한 줌의 밑거름으로 묻어두고
나머지 반을 접어
보내고 돌아서게 해주오

당신이 나무라면

당신이 나무라면
나는 바람이고 싶어요

봉황새 날아들어 아지랑이 아롱거리는 동산에 올라
당신의 눈을 어지럽혀 마음을 현혹하고
여름이면 해오름으로 청춘을 살라
푸르른 목숨 가눌 길 없게 하고
낭만의 계절엔 변심한 척 고독에 떨며
이별의 몸짓으로 사랑앓이 하다가
겨울이면 하얀 눈송이로 사뿐히 내려앉아
당신 품안에서 사르르 녹아
한 생의 종지부를 찍는
모진 강풍으로

당신이 나무라면
나는 바람이고 싶어요

당신이 하늘이라면

당신이 하늘이라면
나는 새가 되고 싶어요

포근한 햇살 아래 날개를 퍼득이면
눈을 감아도 보이는 당신의 모습
세상을 향해 펼쳐진 하루는
싱그러움 날리는 빛의 향기

저 산 아래
개여울에 비치는 당신을 머리에 이고
철 잃은 날갯짓 생앓이 하며
색동 깃털을 엮어 둥지를 짓고

별이 반짝이는 밤이면
높고 드넓은 당신의 은애(恩愛)로
고단한 날개 접는

당신이 하늘이라면
나는 새가 되고 싶어요

지혜로운 사랑

평범하기 그지없는 나 홀로일 때면
하잘 것 없는 무명에 불과하지만
품위 있는 그대와 커플을 이루면
아울러 나의 품격이 높아지듯
나의 격이 높아지려면
먼저 그대의 격을 높이는 지혜를 얻겠습니다

그대가 하늘이면 나는 하늘을 나는 새
그대가 땅이면 나는 땅을 기는 미물
그대가 빛이면 나는 어둠 속에 빛나는 광채
그대가 어둠이면 나는 암흑의 나락인 것을

아무도 그대를 우러러 마지않더라도
나만은 그대를 받들어 존경하고
아무도 나를 아름답다 여기지 않더라도
그대만은 나를 어여삐 여길 때
비로소 우리는 하나의 결정체

아직은 진통하는 미완의 그대일지라도
나, 채 피지 못한 꽃일지라도
티끌은 털어주고 모난 것은 덮어주며
진흙 속의 옥(鈺)을 발견하는
맑은 혜안으로 사랑하겠습니다

나를 잠재우게 한 당신

그 많았던 방만한 꿈
끊임없이 솟구치던 열망
부질없이 뻗어가던 야욕
자가당착에 도취된 오만까지
일발에 잠재우게 한 당신

아아, 당신은 누구시기에
내 모든 것을 앗아갔나요

기실, 내 모든 것을 앗아갔건만
거칠 것 없는 용기로 넘치는
이 충만함은 무엇인가요

오오, 사랑이군요
그것이 독이 든 사랑일지라도
나는 사랑을 먹겠습니다
독이 퍼져 병이 들어도
나는 사랑으로 죽겠습니다

나를 잠재워
끈끈한 사랑의 열매 품을 수 있다면
더 낮게, 더 깊이
나를 잠재우겠습니다

숨겨진 보물

벼랑 끝인 줄 알았던 이별이
간절한 시작을 알리는
청신호가 될 줄이야

어제 처절했던 아픔이
오늘 새살이 돋아
하얀 꽃 피울 줄이야

보이는 것들 중에
꽃보다 아름다운 것이
상처를 감싸주는 사랑이라기에

긴 방황의 끝에서 찾은
보석처럼 빛나는
또 하나의 사랑

아주 가까운 곳에
긴. 밀. 하. 게
숨겨져 있을 줄이야

믿어야지요

세상에 믿을 사람 없다지만
그대만은
믿어야지요

다른 사람 못 믿는다 하더라도
나만은
믿어야지요

서로가
신의를 저버리지 않기 위해
뚝심을 바로 세우고 있으니

뭇 사람들 다 몰라도
사랑하는 우리 사이는
믿어야지요

이건 분명 사랑이에요

왜 이럴까요
실없이 웃음을 흘리며
가뿐한 몸 나울나울
상큼한 마음은 돛을 달고 날아요

사랑인가 봐요
어제, 강 건너 불빛 쓸쓸했는데
오늘, 어른어른 황홀한 건
내 살아 있는 망막이
사랑으로 채색된 까닭이겠죠

그런가 봐요
그대를 생각하는 순간마다
콩닥콩닥 생명이 박동하는 소리에
형상화되는 행복감,

이건 분명 사랑이에요

거짓말을 하세요

달콤한 밀어로 정분을 피우세요
그녀의 마음이 열리도록
색 입힌 너울로 유희하세요
그의 눈이 몽환하도록

들으면 황홀감에 젖고
말하면 냉가슴이 녹아
행복지수 상승

남들이 쓰다 버려 퇴색했지만
다시 쓰면 쓸수록 신선해지는
거짓말 같은 참말
'사랑합니다'

거짓 속에 담긴 알곡 한 알
건질 수 있는 마음을 심어
거짓말을 하세요
'사랑해' 라고

꿈이었나요

은가루 살포시 내리는 밤
하얀 여울 넘실대며 다가오신
그대 은연한 모습

반쯤 이마를 덮은 머리카락
목성처럼 빛나던 눈빛과

달빛을 탐닉하는 달맞이꽃
그 고혹한 자태로
한 아름 감싸던 손길

꿈이었나요
지난밤에 보았던 그대
여명 속으로 사라진
정녕 꿈이었나요

사랑, 숨길 수 없어요

그대 생각하다 보면
나도 모르게 홍조 띤 얼굴
한 장의 꽃잎으로 물들어
거울 속에 번져나요

아닌 척 딴청을 부려도
모르는 척 눈을 감아도
당겨진 불씨에 화염이 번져
솟구치는 정열

더워진 가슴 나래 치고
부풀어 오르는 행복감에
터질 것 같은 기분
사랑,
숨길 수 없어요

그대 가슴에 별이고 싶다

켜켜이 쌓이는
연분의 진액으로
더러는 버거운 까닭에
그리운 분량만큼의 사정거리
여기에서

홀연히
그대 가슴에 깃들어
지문 찍힌 숨결 아련하게
밤낮으로 지지 않는
단 하나의 별이고 싶다

짝사랑

왜 이럴까요
솜방망이질하는 가슴
두근두근 온종일 서성거려요

신열에 자꾸 눈물이 흘러
덩어리가 된 그리움
울렁울렁 숨이 멎을 것 같아요

요동치는 핑크빛 사랑
고백할까 망설이다가
또 하루가 가네요

어떡하죠
그대 앞에 서면
맨송맨송 아무 말 못하고
딴청만 부려요

사랑하고도 외로운 것은

종달새처럼 지저귀는 사랑 노래에
감미로운 눈길 주지 않는
야속한 당신과

살아서는 당신의 품 안에서
죽어서는 당신의 가슴에 묻힐
인연이라는 고리로
한 몸을 이루고도

내가 당신을 사랑하는 것만큼
당신도 나를 사랑하는지
의문의 꼬리
길게 드리워지는 까닭에
온몸을 불살라 사랑하고도
서럽도록 외로운 것이다

백 년의 키로 자란 그리움
초라해 가눌 길 없어
예보도 없이 내리는 비에
눈물이 되어버린 빗물
하염없이 내리고

2
이별, 그리움과 기다림 사이

 ······ 내 생의 끝은 당신

기다림과 그리움 사이

약속 한 자락 길게 늘어진 그림자
서쪽 하늘에 못 박혀
더욱 붉어진 노을

날은 저물어
새들도 바삐 제 갈길 가는데
기다리는 임 오지 않고
또 하루가 속절없이 간다

석양을 밀쳐내고 드리우는 먹구름
간신히 딛고 있는 돌다리마저 무너져
제자리에 주저앉히더니

백 년의 키로 자란 그리움
초라해 가눌 길 없어
예보도 없이 내리는 비에
눈물이 되어버린 빗물
하염없이 내리고

사랑과 그리움

사랑은
낙원의 동산에 무지개를 그려
잡으려 몸부림치다
다치고 찢기어 피 흘려야
안을 수 있는 것

그리움은
뜨거움을 잠재운 거대한 벌판에
횃불 하나 세우고
피리소리로 나부끼는
애절한 속울음

사랑은 갈라서면 남남이지만
그리움은 낙인찍힌 전과사실
평생 치러야 할 업보이다

준비하지 않은 이별

지금은 아닙니다
살 속 깊이 들어박힌
사랑의 화살에
눈은 뜨였으나 앞가림을 못하는
반 봉사로 만들어놓고
이별을 고하다니요

목젖까지 차오른
사랑의 송가
입은 열렸으나 소리를 내지 못하는
반벙어리로 만들어놓고
작별을 고하다니요

풍선처럼 부푼 가슴 하늘을 나는데
그대 없는 나
까맣게 타버린 가슴으로
어이 살라고

아직은 아닙니다
먼 훗날,
내 먼저 그대를 보낼 수 있을 때까지
그때까지만
날 지켜주세요

기약일랑 하지 말고 가세요

백 년이고 천 년이고 살고 지자는 가약조차
등 돌려 서릿발 내리면
남남인 것을

헐벗은 가지 살에 바람꽃으로 핀 것을
영원불변할 것이라 믿은
내가 어리석었어요

냉담하게 식어버린 건조한 시선이
정녕 그대 모습인가요
훈풍으로 숨결 돌던
그대 눈빛 어디로 갔나요

빌어도 소용없겠죠
애원을 해도 안 되겠죠
어찌할까요
가지 말라 붙잡을 핑계가 없으니

가세요
언젠가 다시 만날 거라 하지 마세요

얄팍한 위로의 말에
오매불망 타들지 않게
지키지 못할 기약일랑
하지 말고 가세요

슬픈 재회

냉정하게 뿌리치고 돌아서는
서슬 퍼런 너의 뒷모습을 보며
참았던 울음 쏟을 때만 해도
다시 돌아올 거라는 기대
저버리지 않았다

비루처럼 붙어 있는 응어리
내 몸 어디엔가 잠복하여
무시로 괴롭힐 때만 해도
술수였다며
불쑥 나타날 것이라는 기대
버릴 수 없었다

독주에 목숨을 압류당하고
가슴을 짓이길 때만 해도
이렇게 포기할 수 없다는
미련이 남았었는데

다시는,
다시는 너를 기억하지 않으마 다짐하며

미움도, 원망도
아릿한 추억까지
모조리 태워버렸건만

어이하여,
어이하여 이제야 찾아와
상냥하게 나부끼는지
너는

나는 바보입니다 2

보고 싶다는 말
스치는 바람소리인가 했지요

사랑한다는 말에
수줍어 얼굴만 붉어졌어요

내 손을 잡을 때
따스한 온기는 우정인가 했지요

안고 싶다는 말에
숨이 막혀 멎어버릴 것 같았어요

당신을 사랑하느냐 물을 때
말문을 열지 못하는
나는 바보

용기백배하여
나도 사랑한다 말하려 했을 때
당신은 이미 타인이었습니다

다 그런 거라 했지요

죽음도 불사를 것처럼 사랑을 해도
소소한 장애에 부딪히면
한여름 소나기처럼 변덕스러운 것이
사람의 마음이라고

한 차례 소나기가 지나고 나면
언제 그랬느냐는 듯이
햇살 가득 함박웃음
빛살 가득 보름달 기울다가

솔깃솔깃 바람이 불면
이색의 물결로 뒤흔드는 유혹에
갈대처럼 흔들리는 것이
사람의 마음이라고

뜨겁게 타오르던 정열도
일순간 식어버리는 것이 사랑이라고
다 그런 거라고
목숨 걸지 말라 했지요

커피 한 잔 나누고 싶은 사람

그저 멀거니
비어 있는 날에는
오도카니 서 있는 동목처럼 올곧해 보이는
누군가와 커피 한 잔 나누었으면 싶다

헐벗었으나 빈한하지 않아서
자판기 커피를 나누어도
훈기가 도는 사람

점잖은 척하지 않아도 위엄이 있어
고풍스런 카페에 잘 어울리는
그림 같은 사람

고상하지 않아도 품위가 있어
허름한 찻집 백열 갓등을 받아
눈빛이 빛나는 사람

애써 분위기를 조성하지 않아도
은은한 향으로 당겨와
살아가는 이야기 스스럼없이
믹스하여 마시고픈
커피를 나누고 싶은 사람이 있다

우리 잊으며 살기로 해요

살아도 산목숨이 아니어서
휘어진 바람 앞에 서야 했던
암울했던 회색의 동천일랑
봄볕에 말리기로 해요

간교한 구술에 휘말려
어둠의 밭에서 살아야 했던
뼈아픈 날들일랑
별꽃씨로 묻어두기로 해요

멍들어 타들어간 가슴
위로받지 못해 덧난 상처
피치 못할 아픔일랑
꾸욱, 삼키기로 해요

죽어서 살기에는 한 서려 모자란 인생
살아서 죽는 그날,
화염의 불송이로 꺼져갈 때까지
우리 잊으며 살기로 해요

아직도 그대가 그립습니다

세월이 가면 잊혀진다 해서
잊을 줄 알았습니다

해그림자 길게 늘어져도
어둠이 삼키면 그만인 것처럼
그리움도 세월의 강을 건너면
이지러질 줄 알았는데

헤일 수 없는 무게의 멍에를 차고
깎아내도 자라는 손톱처럼
도려낼수록 단단해지는 연연함이 따를 줄은
미처 몰랐습니다

두 눈 질끈 감고 잊으려 해도
회상의 운무로 퍼지는
먼 환영(幻影) 속의 그대
아직도 그대가 그립습니다

만남과 이별 사이에 핀 꽃

반기는 아침 햇살이 떠오르면
헤어짐의 저녁노을이 물들고
피는 꽃이 아름다우면
지는 꽃의 아쉬움이 길듯이

아침 햇살로 만난
그대와 나
정오의 꽃을 피우는 동안
짜릿한 행복도 잠시

화려한 꽃이 쉬이 지는 법
만발한 사랑, 절정의 끝에서
향기로움을 시샘하는
작별의 그림자

붉게 물든 사랑
얼룩진 노을로 진다 해도
내일 날의 기대놓을 수 없는 건
언젠가는 다시 피울 사랑의 열매
가슴에 잉태한 까닭이겠지

너를, 삭제한다

잊혀지지 않아 괴로움을 주는 사람
지워지지 않아 서글픈 얼굴
환청인 듯 들려오는 다정한 목소리
그리워 낯선 외로움까지
다시는 복원할 수 없도록
내 기억의 하드디스크에서
너를, 삭제한다

그때는 왜 몰랐을까요

스쳐가는 무수한 별들 중에
고정된 한 사람
유독 내 안에 빛나는 혜성이라는 걸
그때는 왜 몰랐을까요

헤일 수 없이 자전하는 해와 달
나의 하늘은
그대가 아니면 암흑이라는 걸
그때는 왜 몰랐을까요

안 보면 보고 싶고
헤어져 있으면 그리운 정도로만 여겼지
그리움에 목 메이게 될 사랑이라는 걸
그때는 왜 몰랐을까요

새침한 자존심 따위 어쩌지 못해
아픔을 남긴 별리 끝에서
그대가 나의 마지막 인연이라는 걸
그때는 왜 몰랐을까요

그대 생각에 행복한 하루

TV 드라마를 보면서
그대도 보고 있을 거라 생각하면
마치 드라마 속의 주인공이 된 듯
우린 서로 동질의 감동을 느끼게 됩니다

음악을 들을 때면
언젠가 우리가 자동차 안에서 들었던
그날의 강변도로를 추억하며
살며시 미소를 짓곤 하지요

거울을 보면서
헝클어진 내 모습을 어디선가 보고 있는 것 같아
갑자기 조여지는 마음을 추슬러
매무새를 가다듬곤 합니다

식사를 하면서
내 손으로 장만한 정갈한 음식
그대와의 겸상을 상상하며
오물오물 조신하게 먹곤 하지요

솔솔 바람이 불어오는 저녁이면
슬며시 다가와 등덜미를 감싸줄
그대 따스한 체온에 젖는 하루는
도원경을 넘나드는 행복입니다

유리잔 커플

유독 아끼는 커플 유리잔
찰나의 실수로
쨍그랑,
산산조각이 났습니다

순간,
우리 사랑에 금이 갈까
불길한 예감이
섬뜩하게 스쳤습니다

조각을 모아 꿰맞추어
접착제로 붙이고
호호 입김도 불어보았지만
아무 소용이 없네요

커플은 갈라지고
우리 사랑도 깨질까
방정맞은 생각을 떨치려고
비술을 찾아 나서니

똑같은 유리잔 하나
낱개로 구입하여
짝을 맞추니
새로운 커플의 시작입니다

희망을 노래하는 이별

고독이 침묵하는 억새의 집 담벽에
바람을 등지고 서 있는
당신은 커다란 나무

당신의 숨결 마디마디에서
산새 들새 순풍 따라 곱게 물든
나는 가을 녘 단풍

한 몸을 이룬 인연
초록의 향기 더운 열기로
알록달록 수놓은 순명한 사랑

목숨꽃 떨어져도 서럽지 않은 까닭은
언젠가는 다시 맺을 기약이 있기에
희망을 노래하는 이별을 고합니다

3
계절,
눈물 속에서도
꽃망울 터트리는
꽃이고 싶다

비바람보다 몸서린
저 쓰라린 빗방울은
가슴에 이별의 꽃을 꽂은
못다 핀 내 사랑의
눈. 물.

· · · · · 내 생의 끝은 당신

3월의 꽃이고 싶다

따사로운 햇살
흰 구름 두둥실 노니는 봄 동산에
향기로운 자태 그윽한
한 송이 꽃이고 싶다

흔들려도 꺾이지 않는
연초록 풀잎의 옷을 입고
아지랑이 피는 언덕에 알록달록
봄꽃으로 피어나고 싶다

낮에는 새들이 지저귀고
밤에는 부엉이 울어대는
아담한 그대의 정원에
소리 없이 꽃망울 터트리는
3월의 꽃이고 싶다

꿈꾸는 2월이 가면요

잠자는 2월이 가면요
엉거주춤 웅크린 양 날개
활짝 기지개 펴겠지요

서리꽃 핀 2월이 가면요
게으름의 늑장도 사라져
꼬리가 머리 되고
오메가가 알파 되는
기적이 올지도 몰라요

꿈꾸는 2월이 가면요
혹한을 견디어낸 앙상한 가지에
여린 햇살 내리쬐어
춘삼월의 꽃
연초롱으로 피어나겠지요

꿈꾸는 2월이 가면요

봄에 피는 사랑

이별하여 아팠던 당신이
이별의 고통을 벗고 용트림하는
봄날에는

마디마디 멍들어 서러운
살 속 깊이 들어박힌 앙금마저
한 올 한 올 걷어내는
봄날에는

새 기운의 씨앗 한 톨,
더워진 가슴 한복판에 묻어두고
바람 불어오시는 길목에 서서

스며드는 향기에 또르르 맺혀
파릇파릇 싹트는 연정
정면으로 오시는 그대의 심장에
비수처럼 꽂으면

봄에 피는 사랑은
늘 그렇게 첫 정입니다

봄앓이 꽃

빛 고운 햇살의 미소와
뾰로롱 뾰로롱 지저귀는 새들의 노래
어느새 돋아난 파릇파릇한 새싹
그러고도, 한참을 더 기다려야 했다

절망의 사르트르는 가고
릴케의 러브레터를 받은 꿈길에서
안개 숲을 헤쳐 나온
신기루 같은 봄날,

아아, 봄은 왔건만
오지 않을 이, 기다림에 목 놓아
원색의 눈물 울긋불긋
격정의 율동으로 그리움을 불사르는
나는 지금, 외사랑으로 지고 말
한 떨기 봄앓이 꽃

지병이 도지는 계절

얼어붙은 상심의 뿌리
다사로이 녹여주는
당신은 누구시기에
이토록 포근한지요

꽃 이파리에 날아드는 속삭임
살랑살랑 감겨오는
향기로운 촉감

아아, 날더러 어쩌라고
날더러 어쩌라고
그토록 잔인하게 유혹하는지요

억제 못할 이 봄바람에
이루지 못한 사랑이 쓰러져
지병이 도져 앓아눕거든

그대여
발정 난 암고양이를 가두는 가혹한 징계일랑
가하지 마세요

그대 머물던 자리

그대 머물던 자리
우리, 사랑꽃 피우던
그 자리에

쓸쓸한 낙엽이 스쳐간 후
소복이 쌓이던 하얀 눈송이도
가랑가랑 적시던 봄비도
가히 머물지 못한
그 자리에

이슬 맺힌 저, 장미!
향기로운 정열 겹겹이
붉디붉은 유혹으로
나를 향해 손짓하네요

그대, 봄빛으로 오시는가

어느 응달진 늪에서
한 알의 밀알로 잠들어 있다가
새 생명을 잉태했을까

조금은 길어진 하루해만큼
기우는 석양이 눈물 나게 아름다운 건
겨우내, 올올이 맺힌 그리움
꽃눈 녹이는 햇살에 물들인 까닭이겠지

나무 밑동 사이로 움트는 신비로운 태동
보송한 머리 풀고 고개 내미는 연녹의 잎새
어디서 날아왔는지 지저귀는 새들의 노래
솔솔 부는 바람에 옷자락 날리며
봄빛으로 오시는가, 그대

프라하의 강기슭처럼 헐벗은 대지에
싱그러운 새 옷 입히시려
행복의 꽃씨를 품고
그대, 봄빛으로 오시는가

봄바람에 몸 풀어

오늘은,
하얀 커튼이 드리워진 밀실에서
도란도란 속삭이는 꽃씨를 터트려
풀내음 솔솔한 시를 쓰겠습니다

겨우내,
언 땅 속에 묻혀 바람을 키운 연보리
잎새에 매달린 이슬방울에 연심을 닦고
지난밤 수놓은 별꽃에
달무리 진 그대 얼굴 새기며
서산마루에 노을이 물들 때까지

어슴푸레한 새벽녘
안개를 걷어내는 햇살에 군무를 추면서
방금 어미닭이 품은 알처럼
따끈한 시 한 수

오늘은,
푸릇푸릇한 청보리처럼
봄바람에 몸 풀어
그대를 위한 시를 쓰겠습니다

비의 눈물

추적추적 내리는 빗물이
우산도 없는 빈약한 머리 위로
하염없이 내려
허영의 겹옷을 벗으라 한다

희미한 편린들이 소름처럼 돋아나
머―언 구름산으로
나를 이끌면

희뿌연 안개로 감도는
아린 추억의 상처 하나

비바람보다 몸서린
저 쓰라린 빗방울은
가슴에 이별의 꽃을 꽂은
못다 핀 내 사랑의
눈. 물.

이별의 비

사랑앓이를 끝낸 저녁
물갈퀴 같은 가슴에
비가 내립니다

이별 후 남은 발그레한 상처 자욱
행여 보일까 눈물로 지우려
비가 내립니다

헤진 옷자락에 꾹꾹 눌러둔
파장 난 사연들
주르르 흘러내립니다

밤새도록 내리겠지요
이별의 순간, 그 도도한 아픔을 몰수하여
머릿속이 백지화될 때까지

내일은 영롱한 햇살이 비치겠지요

비 내리는 창가에 어리는 얼굴

비 내리는 창가에서
하염없이 내리는 빗줄기를 따라
사색의 망루에 오르면

마음은 비에 젖어도
해갈되지 않는 목마름
우후죽순 꼬리에 꼬리를 문다

비는 내리고
벽에 갇힌 미궁 속을 헤매노라면
미늘처럼 꽂히는 그리움
비파장에 도화선을 당기면

어느 도래지에 펄럭이던 넋인가
그대,
소금 꽃 핀 얼굴

여름바다의 연가

청명한 하늘에
진통하는 정열을 싣고
작열하는 태양의 등살에 몰려
바다로 갑니다

아득한 수평선 끝 간 곳에
그대 여정의 무거운 짐 털어놓고
내 작은 탄식 콧노래로 흥얼거리면
포획할 듯 덮쳐 오는 파도에
고달픈 시름 모두 쓸어내며

그대 모습에 감싸인 내 모습
하나 된 그림자 형상으로
석양에 물든 조각구름 사이에
유화 한 폭 채색하여 걸고

은빛 비늘로 새긴 추억의 문신을
사랑의 불가마에 구워내는
별 내리는 밤

하늘과 땅이 맞닿은 별천지에
환희에 찬 멜로디
사방으로 메아리칩니다

이맘때쯤이면 생각나는 사람

너도나도 떠나는 젊음의 계절
한여름 다 가고
처서 바람 솔솔 불어오는 여름의 끝자락에서
홀로 떠난 동해

한바탕 휩쓸고 간 자리엔
조각난 추억들이 가을 맞을 채비를 하고
청춘의 잔재로 남은 나는
여름의 끄트머리를 붙잡고
부서지는 파도와 추억을 만들고 있었다

졸졸졸 계곡의 물소리
맴맴맴 울어대는 매미소리
종종걸음으로 산을 오르내리는 등산객들
산등성이 너머로 기우는 햇살을 주시하고 있을 때
그림자처럼 다가온 사람

아니, 그림자 드리우기 전부터
누군가의 시선을 느끼고 있었지
몇 번 스치면서도 단 한 번 말을 건네지 않는
소심함을 알아챘기 때문일까

방갈로 평상에서 술잔을 기울이던 그가
내 묵는 방갈로에 옥수수주를 보내주었으나
건배도, 한 마디 말도 나누지 않았고
밤늦도록 침묵의 술잔만 오갈 뿐
밤벌레 소리만 쟁쟁했다

떠나는 이의 걸음을 재촉이라도 하듯이
부슬부슬 가랑비 내리는 아침
자리를 뜨기 위해 자동차의 시동을 켜는데
공회전 소리를 듣고 나오는 그 사람,
순간, 섬뜩하기까지 했다
어찌나 쓸쓸해 보이던지
어깨라도 다독여주고픈 충동이 일었지만
미동도 할 수 없었다

멍하니 바라보던 그가 마침내 입을 열었다
— 전화 번호 좀……
처음 듣는 목소리가 신기하여 몸 둘 바 모르고
아무런 말도 하지 못했다

돌아오는 내내 비애의 사연이 들어 있는
그의 눈빛을 그리며
행여 따라오지 않을지 뒤를 돌아보았지만
끝내 보이지 않았다

전화번호라도 알려줄 걸 그랬어
아니야, 너무 슬퍼 보여
그의 명함을 차창 밖으로 던지고 말았다

가을하늘에 그리는 수채화

갈내음 섞인 바람결에
색실 타래 늘어트린 눈부신 빛으로
솜털구름 나부끼는
저 파란 하늘

아아, 가을입니다
가슴을 후벼 파는 무수한 언어들이 몸살 나게 하는
가을엔,
행복보다는 외로움을 가까이 하겠습니다
웃음보다는 고독을 기꺼워하고
기쁨보다는 슬픔을 껴안겠습니다
넉넉함보다는 배고픔으로
풍요 속의 빈곤에 허덕이는 풀잎의 기도로
사랑, 고유의 빛깔을 채색하겠습니다

가을엔,
풀잎만 하게 더 낮아지겠습니다
높아만 가는 하늘을 해바라기하며
익을수록 고개 숙이는 미덕을 익혀
죽어지면서 잉태하는 씨앗으로
낙엽 속에 묻혀야 소생하는
가을, 가을입니다

이런 날엔 그립다고 말하고 싶어요

코스모스 한들거리는 이런 날엔
그립다고 말하고 싶어요
들길 따라 풀어놓고
그대가 그립다고 말하고 싶어요

귓불을 간질이는 바람 부는 이런 날엔
보고 싶다고 말하고 싶어요
알록달록 이슬방울 맺힌
풀잎에게 전하던 말
그대가 보고 싶다고 말하고 싶어요

홀씨 같은 사랑을 품고
풀잎의 키로 흔들리는 가을
무성하게 엉글어 우거진 가슴
터질 것 같아
눈부시게 푸르른 이런 날엔
하늘 가득 보이는 그대를
두 눈 가득 담고
그리웠다고, 보고 싶었다고
말하고 싶어요

가을엔 외로움도 아름답다

옛적부터 쌓아온 업보의 흠모
높푸른 꿈으로 조율하다가
노랗게 익은 사랑
더는 지탱할 수 없어
잎새 떨구는
가을엔

하나, 둘
찬란한 날들의 옷깃을 벗어내며
세엣, 네엣
오색의 추억을 엮어
다섯, 여섯
그리움을 덧칠하는
가을엔

떠날 때를 아는 순리와
다시 온다는 약속의 섭리를
새 삶의 잔에 낙엽을 태워 마시는
가을엔
외로움도 아름답다

그래서 가을이다

높다란 하늘에 그대 얼굴 그리며
사랑에 목말라
괜스레 눈물지면
가을이 온 것이다

황금벌판의 허수아비보다
외롭다고 느껴져
하릴없이 거리를 배회하는 것도
가을이기 때문이다

묵은 책 한 권, 가방에 넣고 어디론가 떠날 때
꼭 그대가 아니어도 좋다
혼자라는 가벼움으로
낯선 누군가와 우연한 만남도 있을 것 같은
그래서 가을이다

갈색 커튼 드리운 거실 귀퉁이
항아리에 들국화를 한 아름 꽂아두고
리차드의 피아노를 들으며
이별의 시를 쓰고픈
그래서 가을이다

가을빛 그 사람

흰 구름 두둥실 노니는 코발트색 하늘을 닮은
가을빛 그 사람에게선
우거진 산림 울긋불긋 타오르는
고농도의 화폭이 그려진다

신선한 마린 향을 젊음에게 바치고
추억을 명운의 그리움인 양 둘러친
가을빛 그 사람에게선
무음의 풀피리소리가 난다

그 사람을 떠올리면
마른 낙엽 서걱이는 들녘을 홀로 걸어도 좋다
어디선가 옷자락 휘날리며 다가올 것 같은
환영에 사로잡혀

그 사람을 멀리서 보고 있으면
그의 뒤에 펼쳐진 기우는 석양이고 싶다
노을에 물든 부동의 그 사람
시야가 일몰할 때까지 가두고 싶다

그 사람의
눈물 어린 연모
가슴 절인 이별
상처와 그리움을
허공을 맴도는 내 빈자리에 채워
가을 잎새로 물들고 싶다

하늘을 갈망하는 달맞이꽃

깊이 내리지 못한 뿌리 배겨내기도 버거운
된바람 앞에 속수무책인 가녀린 목
무언의 기도로 지샌 들꽃의 날들
애달퍼, 못 이겨서

낮에는 감히 올려다 볼 수 없는 하늘인 당신
숨죽여 사모하다가
애타는 사연 노란 꽃술에 묻혀
슬며시 고개 드는 해거름에

한 잎의 태동으로 어둠을 가르고
한 잎의 몸짓으로 자리를 내어
한 송이 꽃으로 피어난 속앓이
훨훨 날아올라

고요한 은혜를 한 몸에 받으며
그윽한 당신 은밀히 탐닉하다가
불망의 꽃 저 홀로 지고 말, 나는
하늘을 갈망하는
달맞이꽃

가을 끝자리에 비가 내립니다

하얀 비 내리는 수은등 불빛 아래
둘이서 걷던 도시의 골목길엔
오늘도 가랑비 추적추적 내리는데
홀로 걷는 처량한 그림자만이
비에 젖고 있네요

한참을 걷다가 문을 밀치고 들어선 찻집,
통나무집 미온의 갓등을 쓴 나무 탁자와
향긋한 차향은 여전한데
싱긋싱긋 웃으며 우스갯소리 하던
그대 모습은 보이지 않아요

추억을 되새기며 찾아든 옛 자리엔
고적한 자취 그대로인데
변절한 세월만큼 멀어져간 그대는
흔적도 남아 있지 않아

청록을 노닐던 그날의 애처로운 그리움만
마른 꽃 걸린 창 너머
그대 머물던 가을 끝자리에
부슬부슬 비가 내립니다

떠나지 못한 내가 웁니다

철새도 제 갈길 떠나는 계절에
뒷산에서 메아리치는
저 새 울음은
떨치지 못한 미련이 남아서일까

신기루처럼 왔다가 낙엽처럼 떠난 당신을
별리 속에 묻고
골진 가슴, 꽁지 빠진 새 모양으로
훌훌 떠나지 못하는 나처럼
미완의 B단조로 우는
가엾은 저 새는

가을은 가고, 사람도 가고
정처를 잃은 새 한 마리
살붙이를 떼어낸 앙상한 가지 끝에서
비극의 잎새로 지는데

찬바람 이는 서녘 하늘 모퉁이에
노을빛 그리움의 집에 갇힌
떠나지 못한 내가
가을바람에 엎드려 웁니다

가을 엽서

때가 되었나 봅니다

당신만 바라보며 수절한 생(生)
울긋불긋 알알이 맺혀
더는 가눌 길 없어

이젠 떠나렵니다

매서운 바람에 찢기우느니
제 몸을 살라
당신 가는 길에 밑거름이 된다면
보고파 할 수 있는 기억
그리워 할 수 있는 추억
그마저 가지고

이렇게 떠납니다

덜 채운 마음의 곳간
당신 터전에 남겨두고

너를 보내고 가을을 앓는다

처음엔 삶의 한 모퉁이를 잠시 스쳐가는
뭇 사연 중에 하나쯤으로
지극히 일부였던 너

날이 저물면 하나 둘 떠오르는 별처럼
날이 갈수록 하나 둘 불어가는
너의 커다란 의미는
내 삶의 절반을 포획했다

너와 나, 아름드리 우거진 삶의 숲에
행복이 번져 타오르는 만추홍엽
아아, 황홀한 날들은 흩어지고

한 잎의 낙엽으로 쓰러진 너
유서로 남긴 상흔을 태우며
삶의 전부를 잃은 미망의 설움인 양
온 산을 태우듯 가을을 앓는다

눈 내리는 날엔 추억의 카페로 간다

눈 내리는 어느 겨울 저녁이면
희미한 네온불빛 하나, 둘
회색빛 영상을 헤아리며
추억의 카페로 간다

막연한 기다림을 외투로 걸치고
을씨년스런 그리움을 목에 두르고
사각사각 눈길을 걷노라면
설렘으로 찍히는 보고픈 얼굴
여운으로 남는 발자욱들
덩달아 따라 오겠지

훈풍이 감도는 카페
눈꽃 핀 나뭇가지가 내다보이는 창가에 앉아
아다모의 샹송에 녹아드는 커피 향 그리고,
프림처럼 부드러운 회억들

짙은 허스키의 '눈이 내리네'가 흐르면
마치 약속이라도 있었던 것처럼
그대,
문을 밀치고 들어설지도

그대 뜨락에 첫눈이고 싶다

해 저문 겨울 저녁
사색의 고을 조그마한 토담집
앙상한 나뭇가지에서 울던 까치도
임 따라 어딜 가고

서걱이는 소슬바람 문지방을 넘어
정적을 가로지르는
쇠잔한 고독

어둠은 서둘러 드리우고
백열 빛 전등 아래 쓸쓸한 그림자
고즈넉한 밤이면

황량한 가슴 둘 곳 없어
잠들지 못하는 그대의 뜨락에
밤사이, 사뿐히 내려앉은
첫눈이고 싶다

그대를 만나고 싶다

살갗을 뚫고 들어온
움실거리는 고독한 그림자
가랑비 스치는 날에는
우연처럼 그대를 만나고 싶다

길모퉁이 모락모락 김이 피어오르는
어묵 한 그릇만으로도
그대와 함께라면
새록한 이야기 달구어질 텐데

허황한 가슴 둘 곳 없어
냉랭한 기운이 겉도는 날에는
서정 빛 석양의 거리에서
필연처럼 그대를 만나고 싶다

동전 몇 개로 뽑은 종이컵 커피
호호, 입김을 불어가며
정다운 눈빛을 마주하면
서로의 가슴 뜨거워질 텐데

오늘 같은 날에는
가슴이 넓은 그대를 만나고 싶다

눈꽃 피는 겨울밤 이야기

하얗게 웃던 눈썹달 밤 구름으로 가리워
발코니 드넓은 창가에 걸고
창밖이 훤히 내다보이는 거실에
당신과 마주앉은 겨울밤

손으로 전해지는 커피 잔의 따스함이
당신의 따스한 손길처럼
사르르 잦아들고

살며시 잡은 손,
가슴으로 안은 믿음직한 심성
꿈으로 길을 여는 당신은
진정 나의 파랑새

별다른 말은 없어도
오순도순 속삭이는 살가운 정담으로
반짝반짝 산타가 웃는 성탄 트리에
줄장미 피는 사랑의 이야기

밤새, 소복이 쌓여
눈꽃이 피었어요

더워진 가슴 나래 치고
부풀어 오르는 행복감에
터질 것 같은 기분
사랑,
숨길 수 없어요

4
더불어,
우리 안의
아름다운 세상

· · · · · 내 생의 끝은 당신

이토록 아름다운 세상에 와서

이토록 아름다운 세상에 와서
나 무엇으로 살다 갈까

잠깐 머물다 가는
정처 없는 나그네길
나 어디에 여장을 풀까

빈손으로 왔다가 홀로 떠나는
고독한 방랑길
나 누구의 꽃으로 피었다 질까

살아 있는 동안
나로 인해 해를 입는 이 없어야 할 텐데
살아가는 동안
나로 인해 행복한 이 있어야 할 텐데

이 아름다운 세상을 누리는 동안
사랑으로 새긴 이름값
그대 가슴에 새길 수 있다면
더는 바랄 것 없겠네

내겐 너무 아름다운 당신

어지러운 삶 귀퉁이에서
햇살 담은 안식처를 내어준
유일한 사람

정갈한 매무새 어디로 가고
머리카락 사이사이 얄궂게 돋은 새치
검게 그을린 살갗에 굳은살 박여
고울 것 없는 밉상까지
내겐 너무 아름다운 당신

당신 쇠잔함보다
나 늙어 감을 안쓰러워하고
당신 후줄근함은 중후한 멋이라며
나 곱게 보듬어주는
내겐 너무 과분한 사람

남들은 이렇다 저렇다 허물을 보지만
내겐 보석보다 귀중한
가혹한 사랑

질긴 인내의 꽃으로
삶의 둥지에 우거진 숲을 드리운
내겐 너무 소중한
내겐 너무 아름다운 당신

세상사 무상하다 하지요

앞만 보고 걷는 길
무정천리 가시밭길에 다진 일심으로
지름길에 올라 우뚝 솟은
정상의 자리

별 중의 별로 주목 받는 스포트라이트와
환락의 파티에서 맛보는 짜릿한 절정
동시에 부여안은 명예와 재물
대중을 호령하는 권력일지라도

오르막길이 있으면 내리막길이 있는 법
만삭의 몸 풀고 나면 접치고 돌아서
내려놓아야 할 대여 받은 허상
단지, 추락이 아니길

천년만년 거머쥐고 호사를 누릴 것 같은
인기도, 권력도, 명예도, 재물도
범주에서 멀어지면
하잘 것 없는
세상사 무상하다 하지요

인생사 화무십일홍이라

여남은 살 철부지 시절에는
꽃피는 스무 살이 빨리 오길 바랐고
스무 살 청춘일 때는
늘 푸른 소나무인 줄 알았다

서른 살 완숙미 노련할 때는
쉰 살의 중년을 상상하지 못했고
마흔 살까지는 괜찮아 자찬하면서
나이 들어감에 덤덤했었지

덧없는 세월 나그네 설움에
세월이 무섭다고 느껴질 때
예순까지만 멋지게 살아야지 자만하다가
일흔의 고개에 물든 황혼의 이력

화무십일홍(花無十日紅)이라
피고 지는 인생사 쇠한다고 서러울까
기름진 삶의 밭에 일군 튼실한 결실
하나하나 거두고 나누며
한 백년 살아볼거나

세상 나이 예순하나 즈음에

망초 꽃 피고 지는 담장 아래
푸르거나 간혹 헐벗은 나뭇가지에
산새 들새 쉬어갈 둥지를 틀겠어

마당엔 하얀 울타리 친 텃밭
거실엔 내 이름의 시화를 걸고
가슴엔 당신이라는 인장을 찍고

마른 잎새 꽂아둔 창가에
하현달 기우는 밤
삽살개 장단에 맞추어 세레나데 부르면
그 곁에서
검버섯 핀 손등에 입맞춤해줄
당신

세상 나이 예순하나 즈음에

사랑보다 깊은 정

오래전,
이팔청춘 꽃피던 시절에는
사랑이 칠색 무지개인 줄 알았다

그것은,
오래가지 않아 깨진 환상이었지만
청사초롱 길 밝혀줄 꿈만은 버릴 수 없었다

꽃다운 시절,
오색 무지갯빛 천생연분을 만나
백년가약을 맺은
단 하나의 사람

사랑의 빛깔은
세월이 흐른 만큼 섞이고 희석되어
본래 고유색을 잃은
무채색의 질긴 쇠심줄

서로에게,
위로의 어깨와 의지의 기둥으로
끌고 당기면서 길들여지는
당신과 나 사이엔
사랑보다 깊은 정이 흐르더라

내 입술이 열릴 때마다

내 입술이 열릴 때마다
한 번 더 생각하고 한 번 더 정제된 소리로
향기로움을 발했으면 좋겠다

말 한 마디의 실수로 원수가 될 뻔한 그대와
말 한 마디로 절친한 친구가 될 수도 있다는
우정을 익히고 싶다

내 입술이 열릴 때마다
나긋나긋 조리 있는 화법으로
단맛을 더했으면 좋겠다

말 한 마디로 천 냥 빚을 지기도 하고
말 한 마디로 천 냥 빚을 갚는다는
지혜를 터득하고 싶다

내 입술이 열릴 때마다
거짓 없는 맑은 소리로
진실의 종을 울렸으면 좋겠다

말 한 마디로
죽일 수도 살릴 수도 있는 사선에서
부드러운 혀로 용서하는 법과
달콤한 입술로 감싸는
놀라운 위력을 얻고 싶다

바람 속의 여자

꽃잎 물든 회고를 이마에 얹고
바람막이 없는 둔덕에
들풀처럼 풀어진 여자

뒤흔들어도 꼼짝 않을
생사고락에 달인이 된 정도 하나
기둥인 양 붙잡고

부딪혀오는 풍파 앞에
정면으로 맞서는
잡초 같은 여자

휑한 가슴에서 휘파람 소리가 날 때면
넘어질 듯, 고꾸라질 듯
흘러간 사랑의 비술로
오뚝이처럼 일어서는
바람 속의 여자

드라이브

바람도 서늘한 저녁 무렵
연홍빛 노을 진 서녘하늘에
신록의 나래를 편
그대와 나
공중에 나는 깃털을 달고
굽이굽이 이어지는 해안로를 달려요

오늘이라는 난장에서 벌인
한판 춤사위 같은 생로병사
흐르는 음률에 섞어 차창 밖에 날리고
흥얼흥얼 콧노래 부르며

이쯤에선 모데라토로
저쯤에선 프레스토로
새들이 율동하는 저 들판을 지나
꽃들이 리듬을 타는 내일을 향해
그대와 나 둘이서
사랑의 페달에 가속을 더해요

부부의 인연

하늘이 주신 연분으로
둘이 하나 된 몸

소망으로 꾸린 오색 둥지에
생명의 터를 가꾸는
인생의 여정에서

눈에 가시가 박혀 소원해지면
내 눈의 들보를 먼저 보고
마음에 심지가 꺼져 갈 때면
당신의 가슴에 불을 당기며
서로를 감싸 안는 것

혼미한 생사여탈 나란히
평준한 저울추에 꿈을 실어
한 곳을 목적할 때

미우리 고우리
비례하는 도타운 정으로
삶의 꽃 피우는
사랑의 약속

이 작은 행복을 위하여

눈부시게 소생하는 매일 아침을
당신과 맞이하는
이 작은 행복을 위하여

딸기 꽃 피는 재잘거림조차
사계의 봄으로 음악처럼 들리는
이 작은 행복을 위하여

거목 같은 당신이 지쳐 방황할 때
난초 같은 아이가 버거워 흔들릴 때
약속의 사슬 단단히 묶어

가장 깊은 곳에서
간절한 서원을 담은 기도
밤낮으로 사르는 불꽃이게 하소서

아내라 불리는 여자

성글하지 않은 햇병아리가
당신 한 사람
하늘처럼 받들며 살아온
수 세월

쓴맛은 달콤한 리듬에 버무리고
매운맛은 쌉쌀한 장단에 흥겨우며
오물조물 꾸려온
꿈같은 날들

모기만 한 목소리 나팔소리가 되고
명석하던 머릿속에 쇠구슬이 딸그락
가냘프던 몸매 두루뭉술해도
주름진 얼굴 어여삐 보듬는
당신 있으니

날마다 헐벗음에 옷을 입히는
나는
아내라 불리는
명분 있는 여자

하나 아닌 둘은 외롭다

내가 갈구하는 사랑은
잔잔한 호수에
백옥의 연꽃을 피우자 하고

그대가 추구하는 사랑은
비탈진 굽잇길에
날선 들꽃을 피우자 하네

명색은 하나요
마음은 두 갈래

둘이서 그린 동그라미 속
팽팽한 수면 위로 떠오르는
까닭 모를 의혹 한 점

등을 맞대고
피차 다른 곳을 바라보는
하나 아닌 둘은
둘이 아닌 하나보다 외롭다

내가 바라는 당신은

내가 바라는 당신은
세상의 잣대엔 평점에서 미달할지라도
내 눈높이에 맞추면 기대치가 높은 사람

눈앞의 이득을 헤아리기보다는
쌓아야 할 태산을 목적하고
차근차근 앞을 향하여 전진하는 사람

사소한 일에 의기소침하기보다는
멀리 내다보는 계획으로
인생의 여유와 낭만을 즐길 줄 아는 사람

내가 가장 바라는 당신은
둘이서 엮은 알콩달콩한 보금자리
둘이서 그린 얼룩진 추억
'우리'라는 울타리까지

그 무엇에도 견줄 수 없는
눈물겨운 감사에
사랑의 끈을 동여매는 사람

미안하다, 고맙다, 사랑한다

너의 작은 그릇에
초록 꿈
한 아름 심어주고 싶은데
다 주어도 모자라는
덜 채운 항아리
미안하다, 아이야

너의 부푼 가슴에
하얀 희망
한 움큼 넣어주고 싶어도
늘 부족하여 부끄러운데
자랑스럽게 여겨줘서
고맙다, 아이야

너의 내일 날에
눈에서 마음으로
마음에서 머리로 느끼는
초장으로 인도하고 싶은데
지금으로도 행복하다는
아이야, 사랑한다

좋은 사람, 참 좋은 사람이야

내 아이는,
온실 속의 여린 화초보다는
나비와 꿀벌이 날아들어
단내 나는 아카시아 꽃을 닮았으면

잘나서 따돌림 당하기보다는
두리둥실 더불어 어울리며
고운 빛 푸른 빛 무지개 피는 꿈
알알이 열리기를

손해 보는 일 마다하지 않으며
득을 얻더라도 온당치 않으면
삼갈 줄 아는
조금은 어수룩해도 괜찮다

일등으로 만족하기보다는
최선을 다하는 과정을 중시하며
주어진 결과에 승복하는
페어플레이 정신으로

내 아이는,
건강한 몸 아름답게 가꾸고
하얀 마음 온화한 성품으로
우정을 간직하고
가족과 이웃을 소중히 여기는
좋은 사람, 참 좋은 사람이야
그렇게 자랐으면 좋겠다

눈물 많은 여자

어느 심리분석가는 내 얼굴을 들여다보더니
눈에 눈물이 있다며
고개를 살래살래 흔들었다

여자가 눈물이 많으면 팔자가 드센 법이라며
어머니는
눈물 많은 딸을 염려하셨지
너를 보고 있으면 덩달아 눈물이 난다며
친구는
눈물 많은 나를 놀리곤 했다

너를 생각하면 촉촉한 눈빛이 먼저 떠오른다며
그 애는
눈물 많은 나를 가련하게 여겼고

걸핏하면 눈물부터 짠다며
형제들은
아예 나를 건드리지 않았으며

그렁그렁 이슬 맺힌 초롱한 눈이 예쁘다며
그 사람은
눈물 많은 나를 좋아했다

삼라만상에 가장 진귀한 별
그대 아름다운 모습 다 담을 수 없어
내 작은 눈에는 항상 눈물이 맺힌다

내게도 그런 날 있습니다

할 일은 태산인데
옴짝달싹 못하는 무력감에 빠져
넋 놓고 공회전하는
그런 날 있습니다

얻을 것도 없고 줄 것도 없는 빈손
바람 빠진 풍선처럼 텅 빈 가슴
마치 정지된 시계의 태엽처럼
멈추어 공치는 날

청각을 건드리는 문명의 소리 죽여 놓고
시신경을 희롱하는 미세한 먼지마저
알량한 내 머릿속의 사안을 뭉개듯
간발에 비틀어버리고

간헐적으로 박동하는 동맥을 이분하여
한쪽엔 술을 붓고, 한쪽은 마취하여
이도 저도 모르는 휴면상태에서
잠들고픈 그런 날
내게도 그런 날 있습니다

가지 끝에 매달린 마지막 잎새에
겸허한 손길의 소망을 매달아
푸른 목청 가다듬어 올리는
눈물겨운 감사
지금은 사랑의 색실을 엮어
감사를 올려야 할 때

5
인생,
세상 어떤 말로도
모자란 감사

····· 내 생의 끝은 당신

아름다운 눈빛을 가진 그대

잘 닦인 거울처럼 해맑은
그대의 눈빛을 보면
백주에 반짝이는 별빛을 봅니다

깨끗한 마음을 지닌
그대와 마주하고 있으면
푸른 초원에 노니는 사슴이 되는 걸요

거미줄이 얽혀 있어도 걷어내고 볼 줄 아는
투명한 혜안을 지닌 그대는
유리알 속의 보석

아름다움을 느끼고 만끽할 때
아울러 아름다움을 생산하는
그대와 함께 있으면

형언할 수 없는 한 폭의 수채화
내 가슴에 인화되어
보면 볼수록 아름다운 그대인걸요

당신의 나무에 비가 내립니다

살짝 불어오는 바람에도
가지 많은 당신의 나무엔
바람 잘 날 없었지요

한 잎의 가지 휘어질까
연잎의 가지 쓰러질까
당신 가슴 찢기우는 줄 모르고
노심초사 별고를 치르신
어머니

가시밭길 격한 풍파 모질게 헤쳐
가지 가지마다에 색별의 꽃 필 무렵
여물어 터트린 인고의 세월
종지부를 찍는 날

꽃물바다에 잠겨 하늘 가신 어머니
행여 외로울까 하늘이 울어주던
그 해, 장맛비 내리던 밤이
오늘 같은데

당신 가신 그 길은 멀고
노을빛보다 진한 그리움 거두어
그날처럼
가슴을 후려치는 장대비가 내립니다

가슴에 뜨는 달

하늘이 높고 넓다 해도
늘 한결 같은
당신 품 안만 할까

이 세상에 와서
나 가져본 것 중
가장 드넓은 건
숭고한 당신의 사랑이었습니다

삼라만상이 오묘하다 해도
늘 샘물 같은
당신 뜨락만 할까

이승에 와서
나 누려본 것 중
가장 포근한 것도
대가 없는 당신의 희생이었습니다

만추의 홍엽으로 곱게 물든
내 호수 같은 가슴에
휘영청 떠 있는 달
어머니,
보고픔에 여울집니다

내일은 보름달

굽이굽이 돌고 돌아
코스모스 즐비한 길모퉁이에
구부정 휘청거리는 당신

익은 밤 벌어지는 결실의 계절
황금벌판은 그림의 떡
무거운 어깨 짓누르는 일상에 매여
마음만 가 있는 고향은 멀어라

허리춤 조여 맨 난간에서
풍성한 다발은 얻지 못했어도
두리둥실 기우는 가슴엔
어느덧 한가위

가고파도 갈 수 없는 서러움
이음이음 꿰어온 둥지에 풀어
향수를 달래어 빚어보는
그리운 부모 형제, 정다운 얼굴들

무르익은 꽃다발을 안고 찾아갈
그날을 꿈꾸는 당신은
낙엽송 가지에 여울진
내일은 보름달

달빛 내리는 밤

삭풍 외길에 메마른 손
보물을 쥐듯 감싸는 당신의 손을 잡고
달빛 내리는 오솔길을 걸었습니다

일상 천 길에 갈팡진 당신의 어깨가
쓸쓸하면서도 한편 듬직한 건
이를테면, 다 내어준 동목의 의연함이랄지
코끝을 찡하게 하는 건
밤벌레 울음 때문만은 아니겠지요

조금은 빈한하나 곤고하지 않은
당신의 야심에 찬 청운과
흡족하지 않으나 좌절하지 않는
나의 애바라지 신의가
손에 손을 잡고 걷는
달빛 내리는 밤

서서히 물들어 단풍진 꿈
만삭으로 차올라
저쪽 이만큼,
우리의 동산은 만월입니다

아니다, 이건 아니다

당신만 섬기겠다는 맹세
나 하나만 사랑하겠노라
하늘에 고한 언약
언제였던고

장맛처럼 묵힌 사랑보다 깊은 정
남몰래 무너트리고
환락에 사로잡혀 쾌락을 쫓는
비련의 허상들

아니다, 이건 아니다
비뚤어진 풍토에 전이 되어
윤리를 벗어난 행각을
사랑이라 도색하는
이건 아니다

인륜의 서약을 파괴하고
씻지 못할 상처와 아픔을 주는
빗나간 관계는
아니다, 이건 사랑이 아니다

다시는 받을 수 없는 전화

사는 일이 각박하여 잊고 있던
생일날 아침이면
"오늘이 네 생일이다, 알고 있냐?
미역국은 꼭 끓여 먹어야 한다
어미가 끓여 줘야 하는데……"라는 전화
어김없이 걸려왔건만

내 아이가 먼저 기억하여
일러주는 날

먹통인 전화
무심코 바라보다
수화기를 들고 하는 말

— 엄마, 오늘 내 생일인데……?

나의 시가 커피 한 잔의 여유였으면 좋겠다

이른 아침
토스트 한 조각에 향긋함을 곁들인
커피 한 잔의 여유로
그대 식탁에 놓였으면 좋겠다

정다운 지인이나
설익은 손님이 찾아올 때
한마디 인사말보다 정감 어린
커피 한 잔의 가교였으면 좋겠다

나른한 오후
혀끝에서 감도는 달콤한 여운
온몸으로 스며들어
피로를 푸는 휴식이었으면 좋겠다

늦은 밤
글을 읽으며 별빛을 노래하는
그대에게
나의 시가 커피 한 잔의 여유였으면 좋겠다

부활의 기도

야욕으로 들끓어 악의 종노릇하던 굴함을
당신의 보혈로
정결하게 하소서
오르락내리락 승부의 산
바람이 손짓하는 추락의 끝에서
한 알의 밀알로 떨어질 때임을 알게 하소서

정욕에 사로잡혀 돌팔매를 맞으면
비명보다 먼저
부끄러운 비애의 거울을 주소서
쾌락의 거미줄에 걸려
앉은뱅이 몸으로 기고 나는
불구자임을 부정하지 않겠습니다

물질의 노예가 되어 잃어버린 존재의 가치
자신을 속이는 비리를
씻겨주소서
지금은
오욕으로 물든 어둠의 장벽
저 높은 여리고성을 무너뜨려 나아갈 때

거치른 땅, 딛고 일어나
하얗고 부드러운 휘장을 날리며
우리의 삶이 부활하게 하소서
기름진 광야에서 더불어 평화로운
사랑의 탑을 쌓아가게 하소서

그대 떠난다 해서

그대 떠난다 해서
일렁이던 강물이 멈추오리
해도 달도 진답니까

그대 훌훌 떠난 걸로
만사 해탈한다면
안녕, 잘 가오 하오리만

반짝이는 별 화려한 단맛과
갖은 고난과 역경을 견디어 내며
행복 웃음 만발한 요정으로
만인의 가슴에 연인의 꽃 피워놓고

그대 떠난다 해서
이승의 업을 접을 수 있으리오
그대 떠난 후에도
바람도, 강물도, 청산도, 그대로인데

그대만이 잠든 세상
울음 맺힌 가슴으로 어찌 살라고
대못을 박고
허망하게 그리 가십니까

(故 최진실 님의 명복을 빌며)

마음의 안경

우울할 때 보이는 세상은
낮게 드리운 흑갈색
기쁨일 때 보이는 세상은
드높이 치솟은 하늘색

미움일 때 보이는 세상은
뿌우연 암회색
선한 마음일 때 보이는 세상은
솜털 나부끼는 하얀색

한쪽 눈으로 보이는 세상은
비뚤어진 반쪽
두 눈 크게 뜨고 보이는 세상은
다 담아도 모자란 광야

보이는 것들은 마음의 안경
마음의 처세에 따라
세상은
지옥일 수도 천국일 수도

21세기 숭례문의 야누스

두 날개를 편 독수리 사방으로 날아올라
장안을 포획하는 고도의 침묵
예(禮)를 중시하라 숭례문(崇禮門)이라네
예(禮)는커녕 도(道) 없는 백성들
화풀이로 이기심을 불 질러
까맣게 타버린 단일민족의 자족애

동방예의지국의 훈계를 살려
위상을 잃은 태조 지하에서 호통쳐도
'네 탓이다' 꽁무니 빼는 저 모양새
후손들이 배울세라

어이없다, 어이하나
부끄러워, 어이하나

일제의 모진 수난 꿋꿋이 버티었건만
전쟁터 포화 속에서도 용하게 살아내었건만
민주화를 외치다 쓰러진 광화문 열사
온갖 역사의 광기 고요로 덮어왔건만
고작, 사리사욕을 채우지 못한 분풀이로
한순간에 무너진 6세기의 자존심

이것밖에 안 되는구나
천대하는 저들……

속알 빠진 현 시국에 경종을 울려
죽을 값, 대신 치른 칠순의 노인
21세기를 사는 우리는 모두
두 얼굴을 가진 공범일세

성탄절의 기도

당신이 사랑이시라면
소외된 저들의 찬 설움을
굽어살펴주소서
비탄의 눈물
무정천리 돌팔매질하는
힘없는 아우성에 귀 기울여주십시오

당신이 빛이시라면
암흑의 소굴에서 비리를 일삼는 우매함을
일침하소서
거짓을 위장하는 거대한 함성을
진실의 불로 밝혀주십시오

당신이 구세주시라면
타락으로 오염된 이 땅을
말끔히 씻겨주소서
육신은 정결하게
영혼은 신실하게
마음은 온유하게

당신이 만왕의 왕이시라면
정의로운 약자가 불의의 강자 앞에 굴하지 않는
강건함을 주소서
부강함은 겸양하게
약소함이 부끄럽지 않은

평화의 에덴을 이룩하여 주십시오

비우고 버리지 못했나 보다

가슴은 욕망의 그릇을 비우라 하고
기억의 창은 버릴 수 없다 하는
오욕의 톱니바퀴에서

누군가의 모서리에 부딪혀 마음 상하고
어느 굴곡진 길에서 갈피를 잡지 못할 때
분에 넘치는 호사를 절제하지 못하거나
변명의 구실을 찾지 못할 때

아집의 틈새를 뚫고 나오는 이기심으로
벌겋게 충혈된 탐욕
뿌리를 뽑아내지 못한 방자함이
혈안이 되는 걸 보면
여전히,
비우고 버리지 못했나 보다

당신의 한 해[年]는 눈부십니다

누구에게나 균등하게 주어진
삼백예순닷새
꿈 몇 장 품고
소임에 정념을 토한 당신

곤경에 처할 때면
그대에게 위풍당당함 잃지 않기 위해
이파리 질 때면
자라는 새순에게 푸른 기상을 심으며

사람과 사람이 만나
우리 안에 어우러져
사랑과 믿음으로 덧칠한
울고 웃던 숱한 날들

골 깊은 외길
온갖 풍파를 겪은 후
한결 성숙된
당신의 한 해[年]는 눈부십니다

삼백예순다섯 날의 수채화

삶이라는 초원의 밭에
탄생의 문을 열어
예측할 수 없는 내일 날의 화폭에
하루하루, 스케치한 미지의 날들

펼치면
빗나간 줄에 매달려 아슬아슬 위기에 처하기도
뒤돌아보면
걸어온 자욱마다 얼룩진 흉흉한 모습들
새겨보면
실수와 오기로 점철된 치욕적인 굴욕감
아아, 다시 돌이켜보면
옹달샘에서 생수를 길어 올려
층층이 회석한 일상의 파도여!

엎디어 울던 슬픔과
하늘을 향해 웃음 짓던 기쁨과
걱정 근심으로 메마른 기근과
작은 쾌거의 탄성까지

묵은 날의 상흔을 접어 밀집에 묻고
선명한 명암으로 배합하여
삼백예순다섯 날의 수채화를 채색한
당신은 제야의 승자입니다

신년의 아침에 드리는 편지

새해를 맞이할 때마다
늘 그렇듯
새로운 계획과 소망으로
장엄하게 너울대는 태양을 맞이합니다

달성하지 못한 실추의 변명이라 할지
신년에 대한 포부라 할지
무언가를 획득할 것처럼 다짐하지만
새해라 해서 무엇이 달라질까요

중요한 건 자아실현을 위한 중심
해가 바뀐다고 심중이 바뀌는 것은 아니기에
내가 변하지 않으면
당신도, 세상도 달라지지 않습니다

나의 의식이 변하면 당신도 달라지겠지요
당신이 변화되면 세상도 달라지겠지요
물새는 바다를 날고
산새는 태산을 넘어야 하늘에 이르듯

땅을 살라 산을 넘고 바다를 가로질러
날개를 박차고 일어나면

하늘빛보다 강렬한 신생의 아침은
변화된 우리의 마음속에
약속의 땅을 예약합니다

세상 어떤 말로도 모자란 감사

지금은 고개 숙여
보다 더 낮아져야 할 때

날마다 주시는 따사로운 햇살
때때로 주시는 바람과 비
간간이 덮어주시는 이슬과
숨 쉴 수 있는 공기

이다지 평화로운 세상에서
당신과 나, 우리가
땀방울로 일군 결실 풍성해진만큼
내면의 곳간을 비워야 할 때

찬바람 막아주는 보금자리에서
더도 덜도 아닌 이만큼만 가지고
살 부비며 한 몸 뉠 수 있으니

가지 끝에 매달린 마지막 잎새에
겸허한 손길의 소망을 매달아

푸른 목청 가다듬어 올리는
눈물겨운 감사

지금은 사랑의 색실을 엮어
감사를 올려야 할 때

몰랐어요
나, 한 송이 꽃이 될 수 있다는 것을
나비가 날아들어 사랑을 입은 후에야
알았어요
당신 가슴에
향기로운 꽃이 되었다는 것을